Hartmut E. Höfele / Susanne Steffe

So klingt der Tag

Kleine Lieder und Rituale von früh bis spät

Mit Illustrationen von Yvonne Hoppe-Engbring

HERDER

FREIBURG · BASEL · WIEN

Inhalt

Hör zu & mach mit 4   `Track 1`

So klingt der Tag 5

Guten Morgen – willkommen 6   `Track 2`

Zeit zum Spielen, kommt, macht mit! 8   `Track 4`

    Murmel, Murmel 9

Ratzfatz Aufräumlied 10   `Track 6`

    Großes Aufräum-Tamtam 12

Wir wollen uns bewegen 14   `Track 8`

    Finger zappeln, Popo wackeln 15

    Hacky Sack – bewegte Spiele mit coolen Bällchen 16

Auf die Füße, fertig, los! 18   `Track 10`

    Ich lauf neben dir – und du läufst neben mir 19

Hupp, hupp, hupp – einfach reingeschluppt 20   `Track 12`

    Wetterfühlig 21

    Verkleidungskiste 22

    Turbo-Anziehen 23

Wir waschen unsre Hände 24   `Track 14`

    Igitt-pfui-bäh – dreckige Hände 26

    Der Hände-sauber-Test 27

Wir haben Hunger, Hunger, Hunger . . . . 28 `Track 16`

Alle meine Zähne . . . . 30 `Track 18`

   Schmutzlinge suchen 31

   Zahnputzpantomime 32

Lecker, lecker! . . . . 34 `Track 20`

Die Geschichte von den Glücksbohnen . . . . 36 `Track 22`

Vertragen, das geht so . . . . 40 `Track 24`

   Wutmalerei 41

Ausruhn, nichts tun! . . . . 42 `Track 26`

Eia, eia – Trostlied . . . . 44 `Track 28`

   Trösterchen 45

Tschüss, bye-bye . . . . 46 `Track 30`

   Eine Glücksbohne zum Abschied 47

Hör zu & mach mit

Singen stärkt das Selbstbewusstsein und fördert die Sprachentwicklung von Kindern – das ist inzwischen längst kein Geheimnis mehr. Vor allem aber macht Singen Spaß!

Hör zu & mach mit! – das ist nicht nur ein Name, sondern eine Einladung: Die CD lädt zum Reinhören ein – schwungvolle Arrangements mit natürlichen Kinderstimmen machen Lust aufs Mitsingen. Und zum Mitmachen gibt's im liebevoll illustrierten Buch eine Fülle von Ideen zur bewegten Umsetzung der Lieder sowie Vorschläge für vertiefende Aktionen. Musikalisch versiertere Erwachsene finden hier alle Noten mit Gitarrengriffen und können selbst das Singen der Kinder begleiten.

Das Buch

klares Notenbild • die ersten drei Liedstrophen sind direkt unter dem Notensatz aufgeführt – zum leichteren Mitsingen • mit Gitarrenbegleitakkorden • mit Vorschlägen zur Umsetzung der Lieder in fantasieanregenden Spielaktionen • mit einer spannenden Geschichte

Die CD

sorgfältige und abwechslungsreiche Arrangements • mit Kindern aufgenommen, die locker und ungekünstelt singen • alle Lieder mit Instrumentalversion zum Mitsingen • grenzenloses Hörvergnügen dank mitreißender Überleitungen zwischen den Liedern (die CD ist zum Durchhören als „Hörspiel" geeignet)

So klingt der Tag

„So klingt der Tag" ist eine Einladung, häufig wiederkehrende Aktionen und kleine Rituale in der Kita musikalisch zu unterstützen: mit einprägsamen Liedern und rhythmisch swingenden Reimen. Tag für Tag lernen die Kinder unglaublich viel Neues, manche Dinge aber wiederholen sich. Und das ist auch gut so, denn Wiederholungen sind Anker im Alltag, sie helfen den Kindern, sich sicher zu orientieren.

Passend zum Ablauf eines „ganz normalen" Kita-Tages haben wir 15 Lieder zur Einleitung oder Begleitung von „kleinen" Ritualen zusammengestellt, die helfen, den Tag zu strukturieren – von Ankommen bis Zähneputzen.

Die eingängigen Lieder sind perfekte „Übergangshelfer". Sie geleiten vom Ankommen ins Spielen oder Rausgehen, sie läuten den Beginn der Mahlzeit ein und geben dem Dank danach eine Stimme. Dass Ruhe der Einstimmung bedarf, ist ganz klar. Aber auch Aufräumen, Streit und Vertragen haben eigene Töne, ebenso wie Trost und Abschied. Darüber hinaus finden Sie praxisnahe Anregungen zur Umsetzung der Lieder sowie Spiel- und Bastelideen zur Erweiterung der Mini-Rituale – und außerdem eine faszinierende Geschichte zur Einführung eines Rituals, das tagtäglich nötig wäre, manchmal aber in Vergessenheit gerät …

Viel Spaß mit unserem klingenden Kita-Tag!

Guten Morgen — willkommen

Musik: Tobias Escher
Text: Susanne Steffe

| F | C7 | | C7 | F |

Gut-en Mor - gen, will-kom - men! Good Morn - ing, wel-come!

| B♭ | C7 | C7 | | F |

Seid ihr al - le da? Dann ruft laut: „Hur - ra!" Bim -

| F | | C7 | |

bam, bim - bam! Die Ki - ta, die Ki - ta, die

| C7 | | F | F |

Ki - ta fängt jetzt an. Auf die Plät - ze

| | C7 | F |

fer - tig los, nun kann der Tag be - gin - nen.

| F | | C7 | F |

Auf die Plät - ze: Eins, zwei, drei, al - le Kin-der sind da - bei.

| B♭ | C7 | C7 | F |

Seid ihr al - le da? Dann ruft laut: „Hur - ra!"

Geborgenheit vermitteln, sich angenommen fühlen, den Start in den Kita-Tag gemeinsam erleben – ein morgendliches Lied ist da das Mittel der Wahl.
Wichtig bei so einem Begrüßungsritual ist die Gemeinsamkeit – alle sollten mitmachen können. Unser Guten-Morgen-Lied bietet Mitmachmöglichkeiten für alle Altersstufen. Jeder kann sich so einbringen, wie es seine Fähigkeiten erlauben.

Spielimpulse: Zunächst wird das Lied über den CD-Player vorgespielt. Alle spitzen die Ohren und hören aufmerksam zu. Da der Text nicht schwer ist und sich recht schnell einprägt, können die Kinder schon nach kurzer Zeit aktiv werden und bei der Singzeile „Hurra" lauthals mitrufen. Wenn das gut klappt, klatschen sie bei „Bim-bam, bim-bam" zusätzlich in die Hände.
Nach einigen Tagen singt mit, wer das kann, die anderen stimmen mit „Hurra" oder Händeklatschen ein – in jedem Fall ist die Playbackversion eine willkommene Stütze für alle.

Zeit zum Spielen, kommt, macht mit!

Musik: Tobias Escher
Text: Hartmut E. Höfele

Hey, kommt her, macht al - le mit, wir Kin-der wol-len

spie-len! Hey, kommt her, macht al - le mit, wir

Kin - der wol - len spie - len! Spie - len, spie - len

klatsch, klatsch, klatsch, end - lich spie - len jup - pi - hei, al - le

Kin - der sind da - bei. Jetzt ist Spiel - zeit

klatsch, klatsch, klatsch, Zeit zum Spie - len ra - te - fatz!

Jup - pi, jup - pi - hei, al - le Kin - der sind da - bei.

Mit unserem Lied lässt sich nach dem Morgenkreis oder zu jeder anderen Gelegenheit eine Spielzeit beliebiger Dauer einläuten. Dazu versammeln sich die Kinder, und alle singen zusammen. Danach wird gespielt.

Murmel, Murmel

Das gute alte Murmel- oder Klickerspiel fördert Feinmotorik und Koordinationsfähigkeit. Wir stellen hier eine für die Kita geeignete Murmelspielvariante vor.

Schusser

Ein ideales Spiel für ein Freigelände mit großem Sandkasten oder einem anderen geeigneten Untergrund.

Alter: ab 4 Jahren

Material: Murmeln

Vorbereitung: Die Spielleitung legt eine Startlinie fest und bestimmt die Länge der Schusserbahn, indem an ihrem Ende mit der Hacke eine flache Grube gegraben wird. Die Bahnlänge richtet sich nach dem Alter der Mitspieler. Je jünger die Kinder, desto kürzer die Bahn.

So geht's: Die Aufgabe besteht darin, von der Startlinie aus die Murmel in die Mulde zu werfen oder zu rollen.
Wenn die Murmel nicht beim ersten Anlauf in die Mulde rollt, bleibt sie bis zur nächsten Runde liegen und wird dann mit dem Zeigefinger weitergeschnippt.
Der Spieler, der seine Murmel zuerst in die Mulde kitscht, bekommt die herumliegenden Murmeln der anderen.

Ratzfatz Aufräumlied

Musik: Günter Geisinger
Text: Susanne Steffe

6

33

Refrain G ... C

Auf-räum-en, weg-räu-men, Platz ma-chen, Ord-nung schaf-fen.

F ... F ... C

Auf - räu - men, weg - räu - men, ab - wi-schen. Rat - ze - fatz.

C ... F ... C

1. Al - les kommt an sei - nen Platz. Ho, das geht ja
2. Weg mit dem Bon - bon - pa - pier. Wem ge - hört die

F ... F ... C ... F

1. ganz ge - schwind, wie ein Sau - se - Wir - bel - wind
2. Sche - re hier? Husch, wir räu - men al - les auf,

F ... C ... F ... C ... F

1. put - zen kann doch je - des Kind!
2. dann sieht es hier klas - se aus.

Im Tagesablauf der Kita kann das Aufräumen Zeichen dafür sein, dass ein kleiner Übergang im Ablauf bevorsteht, dass jetzt etwas Neues beginnt: Das Freispiel ist zu Ende und wir treffen uns gleich im Stuhlkreis. Unser Aufräumlied markiert einen solchen Übergang und gibt ein ganz klares Signal zum gemeinschaftlichen Ordnungschaffen.

Spielimpuls: Nach dem Lied könnte mit einem Gong zusätzlich das endgültige Startsignal gegeben werden. Mit dem folgenden Spruch klappt das ganz gut:

Eins zwei, drei,
das Spielen ist vorbei,
vier, fünf, sechs,
aufgeräumt wird jetzt!

Wichtig ist, die verschiedenen Phasen im Tageslauf deutlich voneinander zu trennen: In der Spielphase darf kreatives Chaos herrschen! Die Kinder brauchen nicht daran zu denken, dass sie aufräumen sollen, bis es so weit ist. Aufräumen ist keine Strafaktion!

Großes Aufräum-Tamtam

Das Aufräumen selbst kann viel Spaß machen, wenn es spielerisch in Angriff genommen wird. Tatsächlich ist nach diesen Spielaktionen zu erleben, dass die Kinder ganz enttäuscht sind, wenn es gar nichts mehr zu tun gibt...

Farbenfroher Aufräumspaß

Alter: ab 4 Jahren

Material: Zettel in verschiedenen Farben

So geht's: Die Kinder ziehen Zettel mit Farben. Jede Farbe steht für bestimmte Spielsachen. Welche das sind, wird vorher ausbaldowert. So lassen sich die Aufgaben gerecht verteilen, und husch, husch, ist alles ordentlich.

Variante 1: Die Farben jeweils einem bestimmten Bereich zuordnen, der dann aufgeräumt wird.

Variante 2: Den älteren Kindern macht das Ganze als Wettspiel noch mehr Spaß. Dazu Zweier- oder Dreierteams bilden.

Tempo, Tempo, Tamburin

Mal wird ganz langsam aufgeräumt,
mal blitzschnell, je nachdem, was das
Tamburin für ein Tempo vorgibt.

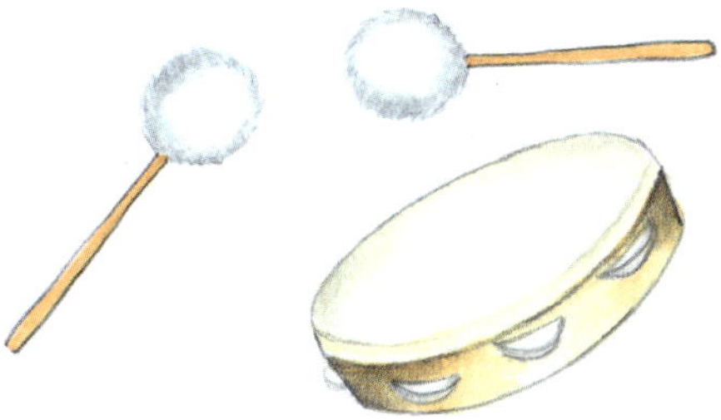

Alter: ab 3 Jahren

Material: Tamburin

So geht's: Während des Aufräumens bestimmt die Spielleitung das Tempo mit einem Tamburin.
Mal bewegen sich die Kinder ganz schnell, mal in Zeitlupengeschwindigkeit.

Variante: Wie wär's, wenn alle mal nur mit einer Hand aufräumen? Oder mit den Füßen?

Wir wollen uns bewegen

Musik: Tobias Escher
Text: Susanne Steffe

Hey, jetzt ma-chen al-le mit! Rüt-teln sich und schüt-teln sich,

lo-ckern al - le Mus-keln auf, schüt-teln Arm und Bei - ne aus.

Las-sen ih-re Fin-ger zap-peln und ganz flott den Po-po wa-ckeln.

Dre-hen sich dann, di-del-dum, ein-, zwei-mal im Kreis he-rum. Und

wenn wir es woll'n, dann fan-gen wir von vor-ne an. Be -

we-gung macht Spaß. Fit woll'n wir sein. Wer sich nicht be-wegt, der

ros-tet ja ein. Drum wol-len wir e-ben uns tüch-tig be-we-gen.

Der Begriff „Turnstunde" ist heute zwar etwas aus der Mode gekommen, Bewegungs-möglichkeiten bieten Kitas im besten Fall rund um die Uhr. Dennoch gibt es im Tages-lauf vieler Einrichtungen gezielte Bewegungsangebote. Unser Liedchen liefert den schwungvollen Auftakt!

Finger zappeln, Popo wackeln

Der Liedtext gibt einen Bewegungsablauf vor, daher können alle gleich mitmachen, auch wenn der Text noch nicht verinnerlicht ist. Mitsingen und gleichzeitig bewegen klappt dann nach einigen Wiederholungen und mit etwas Übung.

Alter: ab 3 Jahren

So geht's: Die Spielleitung stellt sich vor die Kinder. Die Musik wird zugespielt. Dann machen die Kinder die Bewegungen, die die Spielleitung gemäß dem Liedtext vorgibt, einfach nach.
Auf den Instrumentalpart kann die Spielleitung dann beliebige Tanzfiguren aufführen, oder hüpfen, springen und auch mal den Hampelmann „machen".

Hacky Sack – bewegte Spiele mit coolen Bällchen

Hacky Sack heißt ein trendiges Sportspiel aus den USA. Dabei werden kleine bunte Knautschbälle mit Beinen und Füßen gespielt: draußen oder drinnen, allein oder in der Gruppe. Für den Einsatz in der Kita geht es vor allem um Geschicklichkeit beim Umgang mit dem kleinen Ball. Spielvarianten für alle Altersstufen sind möglich. Man braucht dazu nur einen Footbag, wie das Bällchen genannt wird.

Footbag – selbst gemacht

Vorschulkinder können mit Unterstützung der Erwachsenen selbst einen Footbag basteln.

Alter: Vorschule mit Unterstützung der Spielleitung

Material: 1 bunt gemusterte Socke, Schere, Nadel, reißfestes Nähgarn, Füllmaterial (z. B. Maiskörner, Reis, Getreide oder Füllmaterial aus dem Bastelladen)

So geht's: Die Socke so umdrehen, dass die Innenseite außen ist. Dann die Socke vom oberen Rand her auf ca. neun Zentimeter Länge gerade abschneiden.
Nun die Nadel einfädeln und in etwas Abstand zur Kante an einem Rand der Socke einstechen. Den Faden rundherum durchfädeln, anschließend zusammenziehen und fest verknoten.
Danach die Socke wieder umdrehen und das Füllmaterial hineingeben.
Mit der Nadel wiederum einen Faden um die Öffnung herum durchfädeln, und zum Schluss beide Enden zusammenziehen.
Bevor das Bällchen endgültig zugemacht wird, mit dem Finger das überstehende Material durch das Loch in das Innere stopfen. Dann den Ball schließen und wieder fest verknoten.

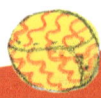

Bällchen in den Eimer

Ein schönes Spiel für die Kleinen. So macht Üben aber auch den Großen Spaß!

Alter: ab 4 Jahren

Material: 1 größerer Eimer, für jedes Kind 1 Footbag

So geht's: Den Eimer an einem beliebigen Platz in einem Raum der Einrichtung, auch mal im Flur oder falls möglich sogar in einem Regal aufstellen.
Alle Spieler bekommen einen Footbag.
Auf das Startzeichen der Spielleitung geht es los.
Wer schafft es zuerst, das Bällchen in den Eimer zu kicken? Hand- oder Bodenberührung ist aber nicht erlaubt.
Der Gewinner bestimmt dann den Platz, an dem der Eimer als Nächstes aufgestellt wird.

Auf die Füße, fertig, los!

Musik: Günter Geisinger
Text: Susanne Steffe, Sybille Fändrich

18

1. Trip-pel-trap-pel, trip-pel-trapp, hin-ter-ei-nan-der her.
2. Mei-ne Bei-ne, dei-ne Bei-ne, ma-chen al-les mit.

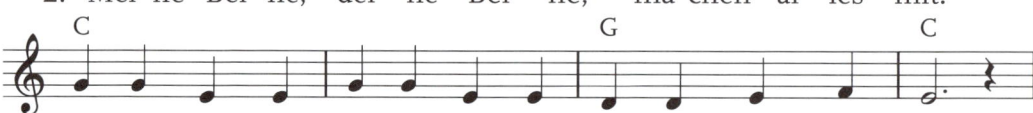

1. Tip-pel-tap-pel, tip-pel-tapp, ja das ist gar nicht schwer.
2. Ü-ber Stock und ü-ber Stei-ne im-mer Schritt für Schritt.

1. Je-der kann das, Klein und Groß, auf die Fü-ße, fer-tig – los!
2. Je-der kann das, Klein und Groß, auf die Fü-ße, fer-tig – los!

1. Trip-pel trap-pel, trip-pel trap, tip-pel, trapp, trapp, trapp.
2. Trip-pel-trap-pel, trip-pel-trap, tip-pel, trapp, trapp, trapp.

Hand in Hand spa-zie-ren wir, uns ge-hört die Welt,

du mit mir und ich mit dir, un-ter'm Him-mels-zelt.

Eins, zwei, drei, vier. Ich lauf ne-ben dir.

Eins, zwei, drei, vier. Du läufst ne-ben mir.

So ein Kita-Ausflug ist eine spannende Sache. Ob nun eine Wanderung angesagt ist oder ein Fußmarsch von A nach B: Mit unserem Lied fällt das Laufen nicht schwer, denn es hält die Kinder im Rhythmus. Das Liedtempo eignet sich bestens, um im gemäßigten Tempo auch längere Strecken mühelos zu bewältigen.

Ich lauf neben dir – und du läufst neben mir

Alter: ab 4 Jahren

So geht's: Das Lied in den Vorgesprächen (zur Vorbereitung des Ausflugs) vorspielen und mit den Kindern einüben. Insbesondere den Refrain:

Eins, zwei, drei vier – ich lauf neben dir.
Eins, zwei, drei vier – du läufst neben mir.

Dazu bilden die Kinder Paare – vielleicht finden sich schon die Ausflugspaare zusammen? – und versuchen, im Gleichschritt zum Liedrhythmus zu laufen. Das geht auch im Kreis, falls nicht so viel Platz zur Verfügung steht.

Hupp, hupp, hupp – einfach reingeschluppt

Musik: Dorle Ferber
Text: Susanne Steffe

1. Ich zieh mei-ne Ja-cke an, das ist ja gar nicht schwer.
2. Schu-he
3. Ho-se

Ich zeig euch mal wie das geht, guckt al-le zu mir her.

Refrain

Hupp, hupp, hupp, hupp, ein-fach rein-ge-schluppt!

Hupp, hupp, hupp, hupp, ein-fach rein ge-schluppt!

An- und Umziehen wird von Kindern oft als lästige Betätigung empfunden. Und schwierig noch dazu. Mit unserem Liedchen klappt das Anziehen von Jacken aber ganz gut. Der Text ist übrigens sehr wandelbar: Man kann Jacken auch ausziehen, wenn eben „Jacke aus" gesungen wird. Außerdem lässt die Jacke sich durch andere Kleidungsstücke ersetzen, z. B. Schuhe, Hose, Pulli, Handschuh.

Wetterfühlig

Welche Klamotten passen zu welchem Wetter?
Das zu klären ist Ziel des folgenden Spiels.

Alter: ab 4 Jahren

Material: viele verschiedene Wetterbilder (Schnee, Regen, Sonne, Sturm, Wüste, Strand) und Bilder von Bekleidung (Badehose, Gummistiefel, Schal, Regenjacke, Wintermantel usw.)

So geht's: Die Kinder finden gemeinsam heraus, welche Kleidungsbilder zu welchen Wetterbildern passen. In einem gemeinsamen Gespräch wird das begründet.

Verkleidungskiste

Besonders viel Spaß macht es Kindern, sich zu verkleiden. Das spornt sie auch an, sich beim Anziehen Mühe zu geben.

Alter: ab 3 Jahren

Material: eine Kiste voller fantastischer Verkleidung. Bunte Tücher und Glitzerkram nicht vergessen. Es müssen keine fertigen Faschingskostüme sein, denn die Kinder entwickeln tollste Verkleidungsideen aus allen möglichen Sachen, die sich umhängen, verknoten und kombinieren lassen.

So geht's: Jedes Kind zieht reihum ein Kleidungsstück aus der Kiste, bis alle so verkleidet sind, wie es der Zufall will.
Dabei darf ausdrücklich kommentiert und auch der Bewunderung Ausdruck verliehen werden.

Tipp: Die Kiste einer kleinen Gruppe beim Freispiel anbieten.

Turbo-Anziehen

Anziehen auf Zeit ist eine lustige Übung, bei der Kinder einigen Ehrgeiz entwickeln. Dabei ist nur darauf zu achten, dass diejenigen, die sich noch sehr schwer tun, nicht frustriert werden. Für die „Anziehanfänger" reichen daher erst mal zwei recht einfache Aufgabenstellungen wie z. B. Schal und Mütze.

Alter: ab 3 Jahren

Material: eine dem Alter der Mitspieler entsprechende Anzahl Kleidungsstücke, wie z. B. Handschuhe, Schal, großer Pulli, Jacke, Mütze; Stoppuhr

So geht's: Die Kinder spielen nacheinander. Auf ein Startzeichen zieht der Spieler so schnell wie möglich alle Kleidungsstücke an. Die Spielleitung stoppt die Zeit. Wer am schnellsten ist, hat gewonnen.

Variante für Vorschulkinder: Als Staffel spielen. Dazu werden alle Kleidungsstücke doppelt benötigt. Zwei Mannschaften bilden. Auf das Startzeichen hin zieht jeweils der erste Spieler jedes Teams die Kleidung an, dann wieder aus und gibt sie anschließend an den nächsten Spieler weiter. Es gewinnt die Mannschaft, deren letzter Spieler als Erster alle Kleidungsstücke wieder ausgezogen hat.

Wir waschen unsre Hände

Melodie traditionell: „Alle meine Entchen"
Text und Musikbearbeitung: Sybille Fändrich

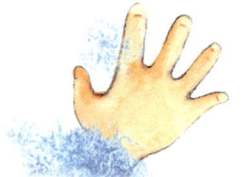

1. Wir wa-schen uns'-re Hän-de, wisch, wasch, wisch, mit
2. wa-schen je-den Fin-ger, pitz, patz, putz,

1. Was-ser und mit Sei-fe, dann sind sie wie-der frisch. 2.Wir
2. die zehn klei-nen Din-ger, oh - ne Schmutz.

gesprochen

Lin - ke Hand, rech - te Hand Je - de hat nen Dau-men

Zei - ge - fin - ger, Mit - te - lfin - ger, Ring - fin - ger – OH!

Ei - ner fehlt hab'n wir uns ver - zählt?

Hei du fre - cher Klei - ner du bist viel - leicht ei - ner!

Ach da is - ser ja al - le wie - der da! Wir

Nach Angaben der Weltgesundheitsorganisation (WHO) werden bis zu 80 Prozent aller Infektionskrankheiten über die Hände übertragen. Wer regelmäßig die Hände wäscht, senkt ganz erheblich das Risiko, sich zu infizieren und an übertragbaren Infektionen zu erkranken. Händewaschen ist also eine wirksame Maßnahme, um sich und andere vor Ansteckung zu schützen.

Kinder zum Händewaschen zu motivieren ist allerdings oft eine Herausforderung. Mit unserem sehr eingängigen Liedchen kann das „Wie" eingeübt werden, und weil es so viel Spaß macht, werden die Kinder gern die Ärmel hochkrempeln, Handinnenflächen und Handrücken ordentlich einschäumen, sich gründlich die Fingerzwischenräume waschen, danach die Hände wieder abspülen und abtrocknen, und dabei noch singen.

Eine Anleitungsillustration im Waschraum hilft den Kindern, sich die Abfolge zu merken. Hier zum Beispiel ein Link zu einem Plakat zum Ausdrucken: http://www.ihph. de/hygiene-kids/cmsmadesimple/cmsmadesimple/uploads/PDF/Poster_deutsch.pdf

Igitt-pfui-bäh – dreckige Hände

Kinder sollten verstehen, warum Händewaschen so wichtig ist. Hier zwei Vorschläge für Aktionen, die das Thema anschaulich und nachvollziehbar verdeutlichen.

Die Notwendigkeit des Händewaschens lässt sich erst mal ganz einfach demonstrieren. Im Verlauf dieser Aktion können die Kinder aktiv in den Lernprozess einsteigen.

Alter: ab 3 Jahren

Material: feuchte Erde, Blumentöpfe, Kresse oder Blumensamen; frisches Obst, das aufgeschnitten werden kann, z. B. Äpfel, Birnen, Bananen

So geht's: Zuerst wird mit den Kindern in feuchter Erde gebuddelt, z. B. um Kresse zu säen. Danach sind alle Hände richtig schmutzig, und die Fingernägel zeigen die berühmten „Trauerränder".

Die Spielleitung zeigt den Kindern ihre eigenen Dreckpfoten und fragt, ob sie nun das Obst für das Frühstück aufschneiden soll?

Was wird passieren? Die meisten Kinder werden sich empören, denn eines haben sie (hoffentlich) schon gelernt: „Mit dreckigen Händen darf man das nicht machen, Obst aufschneiden!"

Und was nun? Einfach die Finger abwischen? Ausprobieren. Das reicht nicht, da sieht man immer noch Dreck.

Und nun? Die Kinder kommen schon von selber drauf: Es hilft nur, die Hände gründlich zu waschen.

Der Hände-sauber-Test

Eine schöne Möglichkeit, Bakterien und Keime für Kinder „sichtbar" darzustellen.

Alter: ab 4 Jahren

Material: farbige Kreide, Lupe

So geht's: Die Spielleitung
fordert die Kinder auf, ihre Hände
genau anzuschauen. Na? Sind sie sauber?
Jeder untersucht die eigenen Hände und wirft auch einen Blick
auf die Hände der anderen.
Die meisten Kinder werden voller Überzeugung behaupten: „Klar sind die
Hände sauber. Da sieht man doch kein Fitzel Dreck."
So weit, so gut.
Nun wird weiter geforscht. Die Kinder betrachten ihre Finger unter der Lupe.
Auch nichts zu sehen.
Und trotzdem sind die Finger voller Bakterien und Keime. Damit die Kinder
das verstehen und auch begreifen, wie diese Keime über ihre Hände weiterge-
geben werden, folgt nun ein kleines Experiment:

Experiment: Die Spielleitung reibt Türklinken, Spielzeuge und die Hände eines
Kindes mit farbiger Kreide ein. Danach fassen andere Kinder die Kreidehände
und die gefärbten Gegenstände an. Nun tragen alle Hände Kreidespuren. Und
wenn mit diesen Händen wiederum andere Kinder angefasst werden, verbrei-
ten sich immer noch Spuren.
Genauso ist das bei den Keimen. Nur dass die eben unsichtbar sind.

Wir haben Hunger, Hunger, Hunger

Text & Melodie: volkstümlich
Bearbeitung: Sybille Fändrich

Wir ha-ben Hun - ger, Hun - ger, Hun - ger, ha - ben
Kä - se, Kä - se, Kä - se, bleibt der

Hun - ger, Hun - ger, Hun - ger, ha - ben Hun - ger, Hun - ger,
Kä - se, Kä - se, Kä - se, bleibt der Kä - se, Kä - se,

Hun - ger, ha - ben Durst. Wo bleibt der
Kä - se, bleibt die Wurst?

Zwischenteil rhythmisch sprechen:

Wir wollen: Rote Äpfel, grüne Birnen, Beeren violett.
Blaue Trauben, gelben Mais, Pilze fürs Omelette
Marmelade Schokolade Brötchen, Schnitzel, Gurken, und Spinat
Bananenpudding, Erdbeertorte, Pizza, Nudeln, Würstchen mit Salat

Verse lines (under first system):

Wir ha - ben   Hun - ger,   Hun - ger,
Es - sen,   Es - sen,
krie - gen,   krie - gen,
schme - cken,   schme - cken,

Second system:

Hun - ger,   ha - ben   Hun - ger,   Hun - ger,
Es - sen,   bleibt das   Es - sen,   Es - sen,
krie - gen,   fress'n wir   Flie - gen,   Flie - gen,
schme - cken, fress'n wir   Schne - cken,   Schne - cken,

Third system:

Hun - ger,   ha - ben   Hun - ger,   Hun - ger,
Es - sen,   bleibt das   Es - sen,   Es - sen,
Flie - gen,   fress´n wir   Flie - gen,   Flie - gen,
Schne - cken, fress'n wir   Schne - cken,   Schne - cken,

Fourth system: *Fine*

Hun - ger,   ha - ben   Durst.   Wo   bleibt das
Es - sen,   bleibt die   Wurst?   Wenn   wir   nichts
Flie - gen   von   der   Wand.   Wenn   die   nicht
Schne - cken aus   dem   Wald.

Das Lied „Wir haben Hunger" ist zwar frech, kommt aber vielleicht gerade deswegen bei Kita-Kindern besonders gut an. Der traditionelle Text vermittelt sehr schön die große Ungeduld der Hungrigen, bevor es endlich etwas zu futtern gibt. Also singen die Kinder vor dem Essen voller Inbrunst, und wenn sie Besteck in der Hand haben, klopfen sie vielleicht auch noch mit den Griffen im Rhythmus neben den Tellern auf dem Tisch.

Alle meine Zähne

Melodie traditionell: „Grün, grün, grün sind alle meine Kleider"
Bearbeitung: Sybille Fändrich
Text: Susanne Steffe

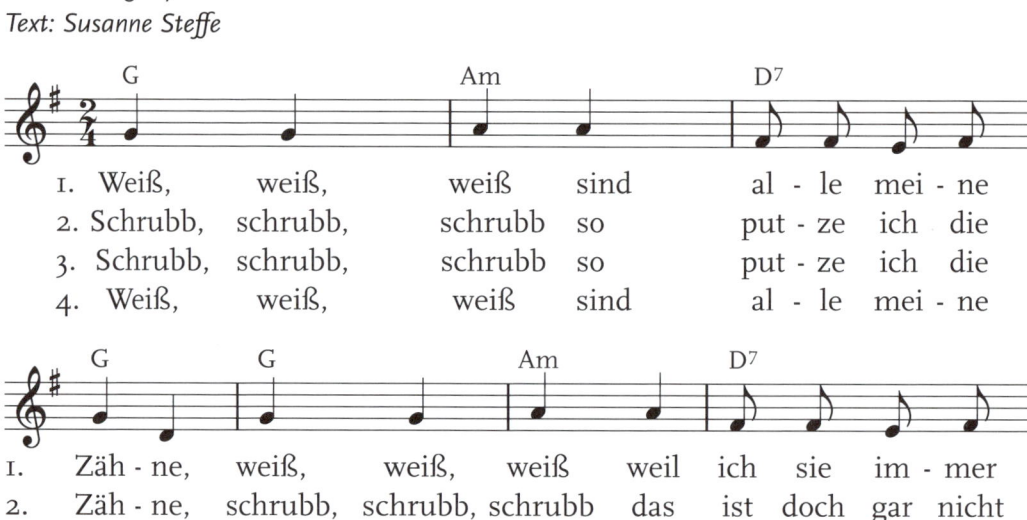

```
G                          Am            D7
1. Weiß,     weiß,      weiß   sind      al - le  mei - ne
2. Schrubb,  schrubb,   schrubb  so      put - ze  ich  die
3. Schrubb,  schrubb,   schrubb  so      put - ze  ich  die
4. Weiß,     weiß,      weiß   sind      al - le  mei - ne
```

```
G          G                Am            D7
1. Zäh - ne,  weiß,    weiß,   weiß   weil  ich  sie  im - mer
2. Zäh - ne,  schrubb, schrubb, schrubb  das  ist  doch  gar  nicht
3. Zäh - ne,  schrubb, schrubb, schrubb  und  jetzt  im  Kreis  he -
4. Zäh - ne,  weiß,    weiß,   weiß   weil  ich  sie  im - mer
```

```
G      G   G#°     Am      Am7      D7      H7
1. putz.    Da - rum   sind  sie   su - per - weiß  und   sau - ber,
2. schwer.  Da - nach  sind  sie   su - per - weiß  und   sau - ber,
3. rum.     Da - nach  sind  sie   su - per - weiß  und   sau - ber,
4. putz.    Da - rum   sind  sie   su - per - weiß  und   sau - ber,
```

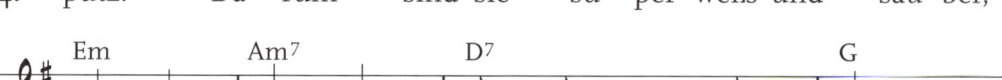

```
Em      Am7          D7                      G
1. denn  die   Zäh - ne    mö - gen  kei - nen   Schmutz.
2. denn  ich   schrub - be  flei - ßig  hin  und   her.
3. denn  ich   schrub-be   auch  im  Kreis  he - rum
4. denn  die   Zäh - ne    mö - gen  kei - nen   Schmutz.
```

Unser Zahnputzlied lädt mit einem einfachen Text und einer sehr bekannten traditionellen Melodie alle Kinder zum Zähneputzen ein. Durch die vielen Wortwiederholungen ist es leicht zu lernen und lässt sich wunderbar als Einstieg zu jedem Zahnputzritual einsetzen.

Schmutzlinge suchen

Kinder betrachten mit großer Neugier all die Essensreste, die wir hier Schmutzlinge getauft haben und die sich nach dem Essen im Mund getummelt haben. Weil da aber immer noch mehr sind, ist ganz klar, dass die weggeputzt werden müssen.

Alter: ab 2 Jahren

Material: Wasserbecher für jedes Kind und weiße Schüssel

Das Gesundheitsamt weist zum Thema Zähneputzen lernen darauf hin, dass die Vermittlung Hand in Hand mit der aktuellen kognitiven und feinmotorischen Entwicklung von Kindern einhergehen muss. Zweijährige nehmen spielerische Impulse anders auf als Kinder, die kurz vor dem Schuleintritt stehen.

So geht's: Die Kinder nehmen nacheinander ein Schlückchen Wasser und gurgeln damit im Mund herum. Dann spucken sie in den Teller. Boah – was sind das denn für Schmutzlinge da drin? Tja, je nachdem, was gegessen wurde sehen die natürlich bei jedem anders aus.

Zahnputzpantomime

Dieses Spielchen ist sozusagen eine „Trockenübung" und eine gute Vorbereitung auf das eigentliche Zähneputzen.

*Durch stetige Wiederholung vor jedem richtigen Zähneputzen lernen die Kinder die sogenannte KAI-Systematik auf spielerische Art: **K**auflächen – **A**ußenflächen – **I**nnenflächen. Außerdem prägen sie sich die Bewegung der Zahnbürste ein: hin und her, kreisen, wischen*

Alter: ab 2 Jahren

Material: Gebissmodell

Vorbereitung: den Kindern anhand eines Gebissmodells die verschiedenen voneinander zu unterscheidenden Zahnflächen zeigen.

Die Spielleitung macht beim Spiel pantomimisch vor wie es geht, indem sie mit dem Zeigefinger an der entsprechenden Seite die Putzbewegung imitiert, und die Kinder machen dann mit.

Spielleitung: Alle strecken einen Zeigefinger vor. Zuerst putzen wir die Kauflächen: Hin und her – ist nicht schwer. Und jetzt geht's los! Alle machen mit:

Eins – Unterkiefer rechts – Hin und her – ist nicht schwer
Zwei – Unterkiefer links – Hin und her – ist nicht schwer
Drei – Oberkiefer rechts – Hin und her – ist nicht schwer
Vier – Oberkiefer links – Hin und her – ist nicht schwer

Spielleitung: „Und jetzt die Außenflächen. Immer im Kreis von Rot nach Weiß." Die Spielleitung imitiert mit dem Zeigefinger die kreisenden Bewegungen, und die Kinder machen wieder mit:

Eins – vor den Schneidezähnen – Immer im Kreis von Rot nach Weiß
Zwei – rechts vor der Backe – Immer im Kreis von Rot nach Weiß
Drei – links von der Backe – Immer im Kreis von Rot nach Weiß

Tipp: Bei Kindern ab fünf Jahren die Zahnputztechnik um die Innenflächen erweitern. Vorher können sie die erforderliche Bewegung noch nicht so recht ausführen: Dazu eine Drehbewegung aus dem Handgelenk heraus machen, so als würde man auf einem Motorrad sitzen und Gas geben. Das Ganze z. B. mit dem Spruch: *„Innen wisch – Zahn wieder frisch"*

Lecker, lecker!

Musik: Sybille Fändrich
Text: Susanne Steffe

Das hat su-per gut ge-schmeckt.

1. Mei-ne
2. Mein——
3. Mein——

1. Hän-de sa-gen dan-ke mit nem klapp, klapp, klapp. Mei-ne
2. Bauch, der sagt dan-ke mit nem hick, hick hick. Mein——
3. Mund, der sagt dan-ke mit nem Kuss, Kuss, Kuss. Mein——

1. Fü-ße sa-gen dan-ke mit nem tapp, tapp, tapp.
2. Kopf,— der sagt dan-ke mit nem nick, nick, nick.
3. Herz,— das sagt dan-ke ganz zum Schluss, Schluss, Schluss.

Refrain

Dan-ke für das gu-te Es-sen, rat-ze-putz war al-les weg.

Le-cker, le-cker, le-cker, le-cker, das hat su-per gut ge-schmeckt.

Dankbarkeit ist nicht angeboren. Kinder lernen durch Vorbilder, was das überhaupt ist. Kleine Rituale helfen ihnen dabei, sich zu bestimmten Anlässen zu bedanken. Das funktioniert gut mit unserem Mitmach-Lied. Der Refrain mit seinem hohen Aufforderungscharakter ist so gehalten, dass er zu jedem Anlass passt.

Die Geschichte von den Glücksbohnen

Text: Susanne Steffe

22

Die Geschichte von den Glücksbohnen basiert auf einem Märchen aus dem Kongo und handelt von der Wahrnehmung glücklicher Momente. Sie lädt zum Vorlesen, Zuhören, aber auch zum Nachmachen ein und eignet sich gut als Grundlage für ein kleines „Glücksritual" in der Kita oder auch zu Hause.

Es war einmal ein Junge, der hieß Paul. Meistens hatte er schlechte Laune. Über nichts konnte er sich richtig freuen. Also ärgerte Paul die Kinder im Kindergarten so lange, bis keiner mehr mit ihm spielen wollte. Unglücklich saß er dann alleine in der Ecke, während die anderen jede Menge Spaß hatten.

Eines Tages, als Paul in den Kindergarten marschierte, fand er mal wieder alles blöd. Wütend schlenkerte er seine Kindergartentasche durch die Luft und kickte einen Stein vor sich her. Und plötzlich – rrrrums – krachte er mit einem kleinen Mädchen zusammen. Das Mädchen fiel auf den Boden. Da blieb es erst mal sitzen.

„He", schimpfte Paul, „pass doch auf, du blindes Huhn. Beinah hättest du mich umgerannt."

Das Mädchen lachte laut auf und rief: „Oh, na, dann hast du ja echt Glück gehabt, denn ich hab dich nicht umgerannt. Und ich hab auch Glück gehabt. Ich bin hingefallen und hab mir gar nicht wehgetan! Ach wie schön! Was für ein Glück! Diesen Augenblick will ich nicht vergessen."

Und – zack – fischte das Mädchen schnell etwas aus seiner einen Hosentasche und steckte es in die andere.

„He, was machst'n da?", fragte Paul neugierig. „Was war'n das da in deiner Hand?"

Zum ersten Mal guckte er die Kleine genauer an. Sie sah sehr nett aus, aber ziemlich blass und beinah schon durchsichtig. Irgendwas Geheimnisvolles ging von ihr aus.

Freundlich lächelte sie Paul an. Dabei kramte sie in ihrer Tasche herum, und hielt ihm schließlich die Handfläche entgegen, auf der eine Bohne lag.

„Pff, das ist ja bloß eine Bohne. So was Doofes", meckerte Paul. „Was willst'n mit so ner doofen Bohne?"

„Pss", flüsterte das Mädchen und zog noch mehr Bohnen aus der Tasche. „Das sind nicht irgendwelche Bohnen, Paul. Das sind Glücksbohnen."

„Ach nee, komm, erzähl kein' Quatsch", entgegnete Paul kopfschüttelnd. „Glücksbohnen. Wo gibt's denn so was?"

„Na hier", lachte das Mädchen vergnügt und streckte ihm eine Handvoll entgegen. „Komm, ich schenk dir welche. Ich weiß genau, dass du sie gut gebrauchen kannst. Also, hör gut zu: Steck einfach ab jetzt jeden Morgen eine Handvoll Bohnen in deine linke Hosentasche.

Und immer, wenn du während des Tages etwas Schönes erlebt hast, wenn du einen Augenblick lang glücklich warst, nimm eine Bohne aus der linken Hosentasche und gib sie in die rechte. Am Abend, bevor du ins Bett gehst, holst du dann die Bohnen aus deiner rechten Hosentasche und nimmst sie mit ins Bett. Zähl sie, und du wirst dich an jeden schönen Augenblick erinnern und glücklich sein."

„Ach nee du", grummelte Paul, „so'n Käse, wer glaubt denn an so was?" Widerwillig nahm er die Bohnen aber doch in Empfang und vergrub sie tief in seiner linken Hosentasche.

Als er wieder aufblickte, war das seltsame Mädchen verschwunden. Wie konnte das sein? Paul kam ins Grübeln. War sie etwa eine Fee? Eine Hexe? Eine Zauberin?

Am nächsten Tag erlebte Paul immerhin einmal etwas Schönes: Seine Oma kam zu Besuch und las ihm eine ganze Stunde lang Geschichten vor. Glücklich nahm er eine Bohne aus der linken Hosentasche und gab sie in die rechte.

Von Tag zu Tag wurden
es dann mehr Bohnen,
die von Pauls linker in
die rechte Hosen-
tasche wanderten.
Der wunderbare
Sonnenschein,
das Gepiepse
der kleinen Vögel
im Nest, das fröh-
liche Lachen seiner
Mama, das tolle Spiel mit
den anderen Kindern – immer häufiger wanderte eine
Bohne von der linken in die rechte Tasche. Und siehe da:
Paul war fast nie mehr schlecht gelaunt. Er strahlte und
freute sich, und bald hatte er viele Freunde und noch
mehr Spaß.

Jeden Abend, bevor er zu Bett ging, dachte er an das seltsame
Mädchen. Dann zählte er die Bohnen in seiner rechten
Hosentasche. Und selbst wenn er nur eine einzige Bohne in
dieser Tasche hatte, schlief Paul glücklich und zufrieden ein.

Und wisst ihr was, Kinder? Der Trick mit den Glücksbohnen
klappt bestimmt auch bei euch. Probiert es einfach mal aus.

Vertragen, das geht so

Musik: Sybille Fändrich
Text: Susanne Steffe

A

Ei, ei, ei! Der Streit ist jetzt vor - bei! Hi, ha, Ho! Ver-

tra - gen das geht so: Klatsch, klatsch, klatsch, gib die

Fünf und patsch! Tut, tut, tut! Al - les wie-der gut!

B

Strei - ten und Ver - tra - gen, das ge - hört zum Le - ben

wie der pral - le Son - nen-schein nach dem gro-ßen Re - gen.

Blitz und Don - ner sind vor - bei, hey, das hat ge-kracht,

doch nach je - der Strei-te - rei wird zum Glück wie-der ge-lacht.

folgt nochmal **A**

Wutmalerei

Es ist sehr interessant zu beobachten, wie jedes Kind „Wut" ganz individuell künstlerisch darstellt bzw. welches Bild es sich davon macht. Das Malen hilft auch dabei, starke Gefühle zu bewältigen.

Alter: ab 3 Jahren

Material: Farben, Pinsel, Malpapier, Wasserbehälter

So geht's: Die Spielleitung fragt: „Welche Farben hat Wut?"
Jedes Kind sucht sich drei Farben aus.
Die Spielleitung fragt weiter: „Wie könnte die Wut denn aussehen? Ist sie ein Wesen wie ein Monster? Ein Wutzwerg? Oder vielleicht ein fetter Klecks?"

Variante: Mit nackten Füßen Wutbilder auf Papier stampfen.

Ausruhn, nichts tun!

Musik & Text: Sybille Fändrich

C

1. Wer läuft und rennt den gan - zen Tag?___ Das sind
2. geh'n wir drauf, wo steh'n wir drauf? Na klar, auf
3. he - ben wir die Kis - te hoch? Wir tun es
4. malt und schreibt und bas - telt toll? Zwei Hän - de

Dm G Dm G

1. un - 're Bei - ne! Hin und her, von
2. un - sren Fü - ßen! Rechts und links mit
3. mit den Ar - men Uns - 're Freun - din,
4. und zehn Fin - ger! Flö - te spie - len

Dm G Dm G C

1. da nach dort___ dei - ne und auch mei - ne Jetzt___
2. Ze - hen dran___ den zehn klei - nen Sü - ßen. Könnt ihr
3. uns - er'n Freund könn' wir da - mit um ar - men. Nun___
4. kön - nen die und vie - le an - dre Din - ge. Wir

Dm G C Dm G C

1. wol - len wir die Bei - ne schüt - teln. Mal___
2. wa - ckeln___ mit den Zeh'n?___ Mit den
3. wol - len wir die Ar - me schüt - teln. Mal___
4. wol - len uns mal al - le win - ken. Und___

| Dm | | G | C | Dm G | C |

1. links,——— mal——— rechts dran rüt-teln. 1.–4. Nun
2. Fü - ßen——— Krei - se dreh'n———
3. links,——— mal——— rechts dran rüt-teln
4. könnt ihr mit den Hän - den blin-ken?

Eine oder mehrere Ruhe- und Entspannungphasen gehören in fast jeder Kita zum festen Tagesablauf. Dies stimmungsvolle Lied mit Mitmach-Elementen unterstützt die Kinder dabei, „runterzukommen" und eignet sich wunderbar für ein „Ruheritual".

Zunächst beinhaltet das Lied eine kleine Anleitung zur Körperwahrnehmung. Dabei hilft das spielerische Gegenüberstellen von Aktivität einerseits und Entspannung auf der anderen Seite. Das Ganze mündet dann in eine meditativ anmutende Hörspielsequenz.

Dafür legen sich alle Kinder hin und machen es sich gemütlich…

Eia, eia – Trostlied

Musik: Dorle Ferber
Text: Susanne Steffe

1. Hast du Kummer oder Schmerzen?
2. Hast du dir grad weh getan?

1. Sag, was hast du auf dem Herzen?
2. Guckst uns ja so traurig an.

1.–2. Trösten woll'n wir ei, ei, ei

und schon ist der Schmerz vorbei.

Unser Trostlied wirkt bei Kindern fast wie gute Heilsalbe. Wichtig ist, dass das Kind sich ernst genommen fühlt und merkt, dass sich jemand wirklich um das wie auch immer geartete Problem kümmert.

Trösterchen

So ein Trösterchen wird immer dann aus der Schublade gezogen, wenn ein Kind kränkelt und ein kleines Fantasiewesen gebrauchen kann, das dabei hilft, wieder gesund zu werden. Am besten hilft natürlich ein selbst erfundenes Trösterchen. Dazu stellen die Kinder die Vorlage selber her.

Alter: ab 5 Jahren

Material: Baumwollstoff, Schere, Nadel, Faden, Stecknadeln, getrocknete Kräuter wie z. B. Kamillenblüten, Lavendel, Rosenblätter oder Watte, die mit ein paar Tropfen ätherischem Öl benetzt wird.

So geht's: Die Vorlage auf Papier kopieren, ausschneiden. Den Stoff doppelt rechts auf rechts zusammen – und hinlegen. Das Schnittmuster mit Stecknadeln fixieren und dann ausschneiden. Die zwei Teile zusammennähen, bis auf einen Schlitz, der zum Befüllen offen bleibt. Dann den Stoff umkrempeln. Die Füllung reinbugsieren und das offene Stückchen zunähen.

Tipp: Ein Trösterchen mit Kirschkernen gefüllt, das angewärmt wird, hilft gegen Bauchweh.

Tschüss, bye-bye

Musik: Tobias Escher
Text: Susanne Steffe

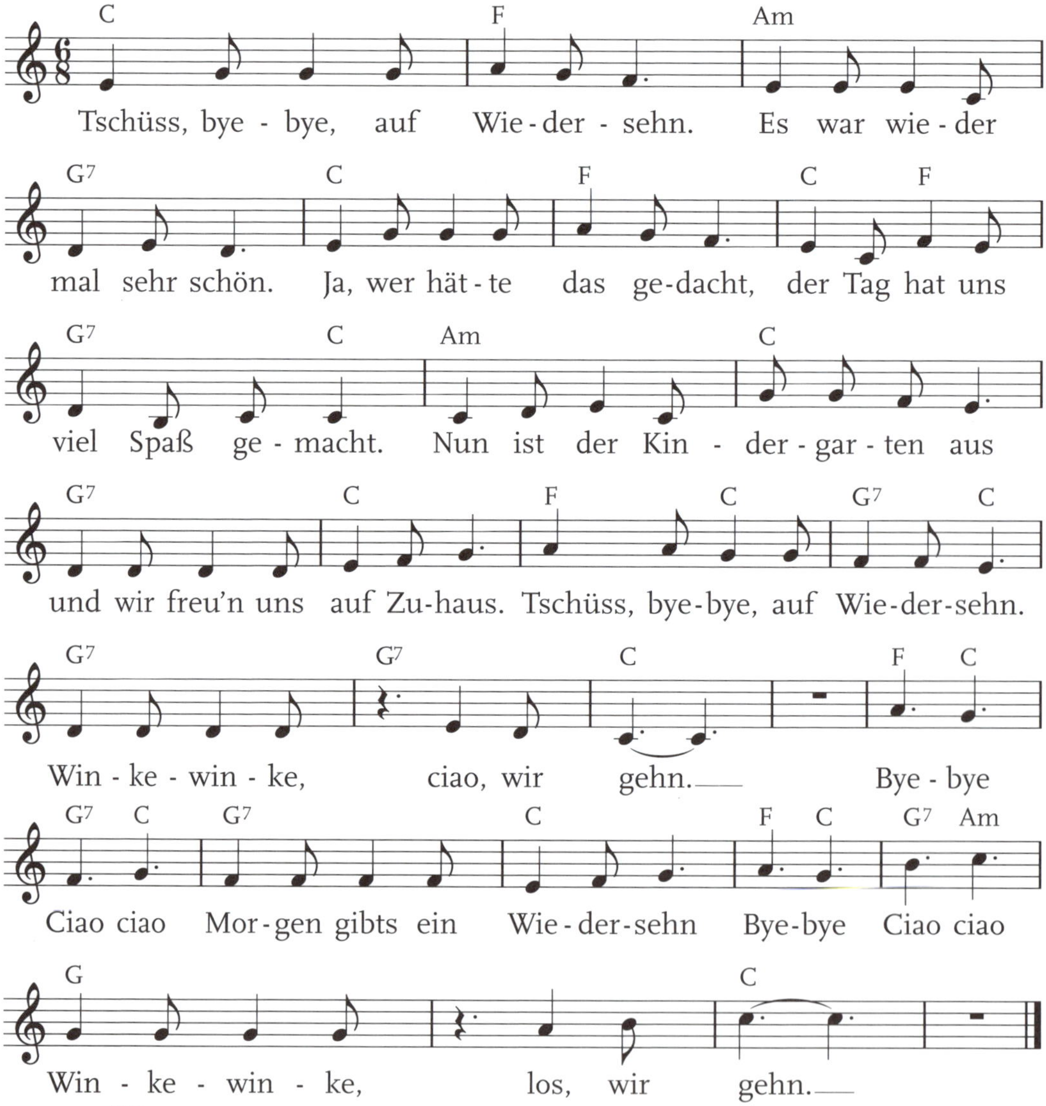

30 44

Tschüss, bye - bye, auf Wie - der - sehn. Es war wie - der

mal sehr schön. Ja, wer hät - te das ge - dacht, der Tag hat uns

viel Spaß ge - macht. Nun ist der Kin - der - gar - ten aus

und wir freu'n uns auf Zu - haus. Tschüss, bye-bye, auf Wie - der - sehn.

Win - ke - win - ke, ciao, wir gehn. ___ Bye - bye

Ciao ciao Mor - gen gibts ein Wie - der - sehn Bye - bye Ciao ciao

Win - ke - win - ke, los, wir gehn. ___

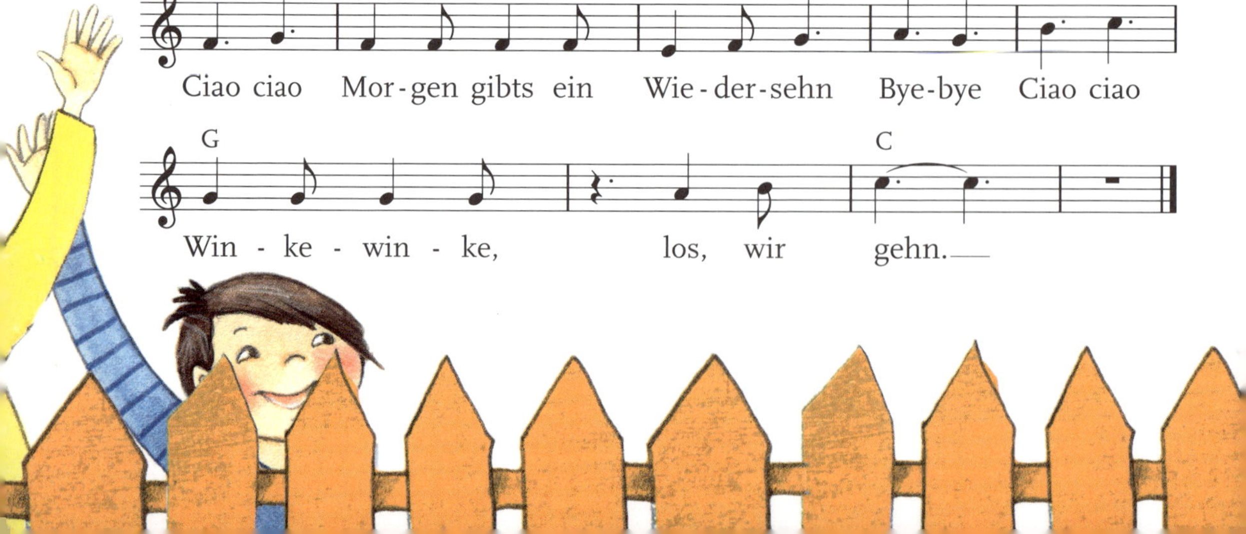

Unser Lied lädt zum guten Abschluss alle ein letztes Mal zum gemeinsamen Singen ein. Die Kinder können dabei im Kreis gehen und den Kreis bei der letzten Zeile „Winke-winke, los, wir gehn" mit viel Gewinke auflösen.

Eine Glücksbohne zum Abschied

Nicht alle Kinder werden gleichzeitig aus der Einrichtung abgeholt. Und das ist vielfach ein Problem. Früh abgeholte Kinder sind manchmal traurig und weinen, weil sie noch bleiben wollen, spät abgeholte Kinder weinen, weil sie die Letzten sind. Für solche Fälle schlagen wir ein kleines Abschiedsritual vor, bei dem wir auf die Geschichte von den Glücksbohnen (siehe S. 36–39) zurückgreifen. Das hilft Kindern sehr, diesen Mikro-Übergang im Tageslauf zu bewältigen.

Alter: ab 3 Jahren

Material: eine Schatzkiste mit Glücksbohnen

Wenn der Abschied schwerfällt, holt die Spielleitung die Schatzkiste und sagt: *„Dir fällt der Abschied schwer, aber guck mal, ich gebe dir heute diese Glücksbohne aus unserer Schatzkiste mit – gut drauf aufpassen! Und morgen erzählst du, ob die Bohne bei dir zu Hause gewandert ist, von einer Hosentasche in die andere – du weißt ja, wie das funktioniert! Und da sind wir alle ganz gespannt, was du uns morgen berichten wirst …"*

Die Mitwirkenden

KinderMusikTheater Firlefanz • Unsere LIVE-Programme und unsere CD-Produktionen begeistern die ganze Familie: Auf Kulturveranstaltungen, Festivals, in Schulen, bei Stadtfesten, und in Kitas… Überall wo ein anspruchsvolles Kindermusikprogramm gewünscht wird. www.firlefanz-kinderlieder.de

Hartmut E. Höfele • Musikproduzent, Sound-Collagist, Liedermacher und Kinderbuchautor. Er gründete das Kindermusiktheater Firlefanz, erdenkt, erfühlt und produziert regelmäßig Musik, Hörspiele und Bücher für Kleinste und Größere. www.hoefele-hartmut.blogspot.de

Sybille Fändrich • Gesangslehrerin / Stimmmbildnerin, Singer-Songwriterin / Musikerin. www.sybille-faendrich.de

Dorle Ferber • Sängerin, Geigerin, Komponistin, Chorleiterin, Autorin, Pädagogin. Sie lebt am Bodensee, schreibt & musiziert gerne für Kleine und Große. Arbeitet seit Jahren mit Hartmut E. Höfele zusammen. www.dorle-ferber.de

Tobias Escher • 2000–2006 Studium der Musikpädagogik am Hohner-Konservatorium-Trossingen. Akkordeonvirtuose. Theatermusiker. Begleitet Hartmut E. Höfele live bei Kindermusikveranstaltungen. www.tobias-escher.de

Susanne Steffe • Ihre lebendigen Liedtexte sind ebenso wie ihre fantasievollen Geschichten immer nah am Erleben und Fühlen von Kindern. Mit leichter Feder beschreibt sie kreative Umsetzungsformen – aus der Praxis für die Praxis. www.susannesteffe.blogspot.de

Günter Geisinger • Sozialpädagoge, Gründungsmitglied des KinderMusikTheaters Firlefanz, www.midnight-tokers.de www.shantychor.de

Leona Unrath, Lilith Jörg, Leonie Storz, Laura Storz • Nicht zu vergessen unsere jungen Stimmen im Ensemble.

 Produktion September–November 2016
Hartmut E. Höfele
DADA-ODEN STUDIO / Odenwald